Boy Lornsen
Der Hase mit dem halben Ohr

Der Autor:

Boy Lornsen, 1922 in Keitum/Sylt geboren, studierte an der Landeskunstschule Hannover Plastik und wurde später Steinbildhauermeister. Sein erstes Buch ›Robbi, Tobbi und das Fliewatüüüt‹ stand in der Auswahlliste zum Deutschen Jugendliteraturpreis. Zahlreiche weitere folgten, u. a. ›Jakobus Nimmersatt‹, ›Feuer um Mitternacht‹, ›Auf Kaperfahrt mit der friedlichen Jenny‹, ›Klaus Störtebeker. Gottes Freund und aller Welt Feind‹ und ›Die Möwe und der Gartenzwerg‹.

Der Illustrator:

Reinhard Michl lebt als freischaffender Künstler in München und hat sich als Illustrator und Bilderbuchmaler einen Namen gemacht. Sein erfolgreichstes Buch ›Der Findefuchs‹ (Text von Irina Korschunow) ist in vielen Lizenzausgaben im In- und Ausland erschienen. Aber auch ›Ein Tag am Fluß‹, zu dem er Text und Bilder schuf, ›Mischa und seine Brüder‹ (Text von Hans Baumann), ›Leo Löwe‹ (Text: Gerda Wagener) und ›Katze, liebe Katze‹ (Text: Wilhelm Topsch) sind erfolgreiche Bilderbücher. Viele der von Reinhard Michl illustrierten Bücher standen in der Auswahlliste zum Deutschen Jugendliteraturpreis. Bei dtv junior erschienen u. a. mit seinen Illustrationen: ›Das Dschungelbuch‹, ›Der Findefuchs‹, ›Kleiner Pelz‹, ›Am Froschweiher‹, ›Es klopft bei Wanja in der Nacht‹, ›Wuschelbär‹ und ›Merrymaus‹.

Boy Lornsen

Der Hase mit dem halben Ohr

Mit Zeichnungen von Reinhard Michl

Deutscher
Taschenbuch
Verlag

dtv

Von Boy Lornsen ist außerdem bei dtv junior lieferbar:
Robbi, Tobbi und das Fliewatüüüt, Band 70281
(ab September 1993)

Ungekürzte Ausgabe
April 1991
3. Auflage Juli 1993
Deutscher Taschenbuch Verlag GmbH & Co. KG, München

ISBN 3-522-15080-5
Umschlaggestaltung: Celestino Piatti
Umschlagbild: Reinhard Michl
Gesamtherstellung: Kösel, Kempten
Printed in Germany · ISBN 3-423-75007-3

Es geschah
in der zweiten Maiwoche.
Die Kastanienbäume
hatten ihre Blätterhände ausgestreckt.
Die Vögel sangen um die Wette.
Die Menschen zeigten frohe Gesichter.
Und Felix hatte morgen Geburtstag.
Ein Geburtstag ist kein gewöhnlicher Tag.
Man wird ein Jahr älter
und darf sich etwas wünschen:
eine Mini-Eisenbahn, Legokästen,
ein ferngesteuertes Rennauto
oder einen Wellensittich.
Felix wünschte sich
einen lebendigen Hasen mit langen Ohren.
Nichts anderes.
»Felix«, sagte seine Mutter.
»Nun laß uns mal vernünftig

miteinander reden.
Hasen sind wildlebende Tiere,
die kann man nicht kaufen.
Nicht einmal in einer Tierhandlung.«
Und Molly, Felix' ältere Schwester, sagte:
»Hasen fühlen sich nur
in Wald und Feld wohl.
Es ist gemein,
sie in einen Stall zu sperren.«
Felix war beleidigt.
»Wer sagt denn, daß ich meinen Hasen
in einen Stall sperren will«,
rief er.
»Er darf bei mir im Zimmer
auf dem Bettvorleger schlafen,
und beim Essen
soll er auf meinem Schoß sitzen.«
»Das fehlt uns gerade noch!«

sagte Felix' Mutter.
Jetzt mischte sich Felix' Vater
in die vertrackte Hasenangelegenheit ein.
»Hör zu«, sagte er, »es gibt Dinge,
die kann man nicht kaufen.
Darum ist es besser,
man schlägt sie sich aus dem Kopf.
Wie wär's mit einem Kaninchen?

Ein hübsches Kaninchen können wir
sicher in einer Tierhandlung finden.«
»Ich will aber kein hübsches Kaninchen«,
antwortete Felix störrisch.

»Hasen haben längere Ohren
und können schneller laufen.«
Mutter war mit ihrer Geduld am Ende.
»Was nicht geht, geht nicht«,
sagte sie.
»Damit wirst du dich abfinden müssen.
Du bekommst den schönsten Plüschhasen,
der aufzutreiben ist.
Und wenn du den nicht willst,
können wir leider nichts für dich tun.«
»Ich will ihn aber nur,
wenn ich ihn mir selber aussuchen darf«,
sagte Felix.
»Das darfst du«,
versprach seine Mutter.
»Und jetzt kein Wort mehr von Hasen!«
Ein Plüschhase ist immer noch besser
als gar kein Hase.

Darum sagte Felix vorsichtshalber nichts mehr.
Nach dem Kaffeetrinken
ging er mit seiner Mutter
in den größten Spielwarenladen.
Plüschaffen, Plüschbären,
Plüschelefanten und Plüschtiger
gab es in allen Größen
und mehr als genug.

Aber nicht einen einzigen Plüschhasen!
»Die haben wir zu Ostern ausverkauft
und nicht wieder hereinbekommen«,
erklärte die Verkäuferin bedauernd.
»Darf es etwas anderes sein?«
»Nein!« rief Felix.
Er wollte einen Hasen mit langen Ohren.
Nichts anderes.
Vielleicht hatte die Verkäuferin
einen Hasen übersehen.
Darum gingen alle drei noch einmal
an den vielen Regalen entlang.
Ganz langsam gingen sie
und spähten in alle Ecken und Winkel.
Das erste,
was Felix von ihm entdeckte,
war ein langes Hasenohr.
Es ragte etwas schräg

hinter einem Elefantenhinterteil hervor.
Wo ein Hasenohr ist,
muß auch ein Hase sein,
dachte Felix und holte ihn
aus seinem Versteck heraus.
Ein samtbrauner Hase mit weißem Bauchfell
guckte ihn traurig an.
Und kein Wunder, daß er traurig war:
Ihm fehlte ein halbes Ohr!
»Irgendein Lümmel
hat ihm mit der Schere
das linke Ohr halb abgeschnitten«,
sagte die Verkäuferin entrüstet.
»Nun läßt er sich nicht mehr verkaufen.
Leider.«
Felix zog den traurigen Hasen
ganz nahe zu sich heran,
bis sich ihre Nasenspitzen fast berührten.

»Nimm mich! Mich will sonst keiner«,
flüsterte der Hase mit dem halben Ohr.
Felix drehte sich schnell um.
Seine Mutter
schaute auf ihre Armbanduhr,
und die Verkäuferin
guckte in die Luft.
Die beiden haben nichts gehört,
dachte Felix und sagte laut:
»Den will ich!«

»Aber er hat nur ein halbes Ohr«,
gab seine Mutter zu bedenken.
»Überleg es dir gut, Felix.
Umtauschen können wir ihn nicht.«
Felix streichelte das halbe Hasenohr
und wiederholte:
»Den will ich und keinen anderen!«
Die Verkäuferin freute sich,
daß ein unverkäuflicher Hase
nun doch zu verkaufen war.
»Notfalls läßt sich ja
ein halbes Ohr anflicken«,
sagte sie.
»Ein passender Stoffrest
wird sich schon irgendwo finden.«
»Er bleibt wie er ist!«
rief Felix.
»Na, gut«, sagte seine Mutter.

»Dann nehmen wir ihn.«
»Ich mache Ihnen auch einen Sonderpreis«,
sagte die Verkäuferin
und zeigte ihnen den Weg zur Kasse.
Mutter zahlte den Sonderpreis,
und Felix drückte den Hasen
mit dem halben Ohr ganz fest an sich.
Ob er zu Hause in meinem Zimmer
wieder mit mir redet?
dachte er auf dem Heimweg.

Felix schlief.
Auf seiner Bettdecke
hockte der Hase mit dem halben Ohr
und guckte mit großen, runden Augen
durch das offene Fenster in den Garten.
Am Himmel ballten sich die Wolken.
Dem Mond gelang es nur ab und zu,
durch ein Wolkenloch
auf die Erde hinabzuleuchten.
Der Wind streichelte die Bäume.
Es war ganz still im Haus,
jedenfalls für Menschenohren.
Aber Hasenohren hören schärfer.
Der Hase mit dem halben Ohr hörte,
wie sich im Zimmer nebenan
Felix' Schwester Molly
in ihrem Bett herumdrehte.
Er hörte auch, daß Felix' Vater

im Elternschlafzimmer schnarchte
und in der Küche
ein Wasserhahn tropfte.
Nur die Ohren drehte der Hase,
und manchmal zuckte er mit der Nase.
Es war alles so,
wie man es in einer Menschenwohnung
erwarten konnte.
Er warf einen Blick auf den Mond,
der wieder mal
durch eine Wolkenspalte schielte.
Und dann wußte der Hase
mit dem halben Ohr,
was er wollte.
Er rückte näher an Felix' Kopf heran
und tippte ihm mit der Pfote
auf die Nasenspitze.
Felix drehte sich auf die andere Seite

und murmelte irgend etwas vor sich hin.
Wieder tippte ihm der Hase
auf die Nasenspitze.
»Aufwachen, Felix!« flüsterte er.
Felix öffnete zuerst das eine
und dann noch das andere Auge.
Träumte er?
Vor ihm auf der Bettdecke
hockte der Hase mit dem halben Ohr
und blinzelte ihm zu.
Felix rieb sich die Augen.
Aber durch das Augenreiben
wurde es auch nicht anders:
Immer noch saß der Hase vor ihm,
und jetzt wackelte er auch noch
mit einem halben und einem ganzen Ohr.
»Nanu?« rief Felix.
»Du bist ja lebendig!«

»Pst!«
machte der Hase mit dem halben Ohr.
»Das braucht nicht jeder zu wissen.«
»Ich hab' gleich geahnt,
daß du kein gewöhnlicher Plüschhase bist«,
flüsterte Felix.
Er wühlte sich aus den Kissen heraus
und strich dem Hasen
über das weiche, warme Bauchfell.
»Bist du eine Art Osterhase?«
fragte er.
»Ich bin nur ein gewöhnlicher Hase«,
antwortete der Hase mit dem halben Ohr.
»Bist du enttäuscht?«
»Nein«, sagte Felix.
»Einen lebendigen Hasen
habe ich mir zum Geburtstag gewünscht.
Aber den haben mir alle ausgeredet.«

»Pst!«
machte der Hase mit dem halben Ohr
wieder
und spielte mit den Ohren.
»Deine Mutter hustet«,
sagte er.
»Und nebenan wühlt deine Schwester
in ihrem Bett herum.«
»Das alles kannst du hören?«
fragte Felix verwundert.
»Wenn ich das nicht hören könnte,
wäre ich kein Hase.
Dazu hat man die langen Ohren.
Sie fangen das leiseste Geräusch auf.
Ich höre, wenn eine Maus
unten in ihrem Mauseloch flüstert«,
sagte der Hase mit dem halben Ohr stolz.
»Ach«, sagte Felix sehnsüchtig,

»Könnte ich doch auch
ein Hase sein!«
»Möchtest du das wirklich?«
»Nur für eine Weile.
Natürlich nicht für immer«,
schränkte Felix vorsichtig ein.
»Das läßt sich machen«,
sagte der Hase mit dem halben Ohr.
»Du brauchst nur
mein halbes Ohr anzufassen.
Dann kneifst du beide Augen fest zu
und denkst an einen Hasen.
An einen Hasen! hörst du,
an nichts anderes.«
»Soll ich an einen Hasen
mit einem halben Ohr denken
oder an einen mit zwei gleich langen?«
wollte Felix noch wissen.

»Natürlich an einen
mit zwei gleich langen«,
sagte der Hase
und hielt Felix sein halbes Ohr hin.
»Es geht los!«
Felix packte zu,
kniff beide Augen fest zusammen
und dachte an einen Hasen
mit zwei gleich langen Ohren.
An nichts anderes.
Es dauerte nur so lange,

wie eine Standuhr braucht,
um Mitternacht zu schlagen.
Dann sagte der Hase mit dem halben Ohr:
»Fertig. Augen auf!«
»War das alles?
Bin ich jetzt ein Hase?«
fragte Felix verblüfft.
»Nun kannst du hören, laufen
und springen wie ein Hase.
Dir schmeckt auch,
was einem Hasen schmeckt,
und du läufst vor dem Fuchs davon.
Also bist du ein Feldhase«,
antwortete der Hase mit dem halben Ohr.
»Ich muß auch wie ein Hase aussehen«,
sagte Felix.
»Und darum will ich mich
im Spiegel sehen.

Sonst kann ich es nicht glauben.«
Sie sprangen vom Bett herunter
und hockten sich nebeneinander
vor einen großen Spiegel,
der bis zum Fußboden herunterreichte.
Und was sah Felix?
Aus dem Spiegel schauten zwei Hasen
heraus!
Beide waren gleich groß
und gleich braun
mit weißem Bauchfell.
Sie sahen wie Zwillingsbrüder aus.
Nur an den Hasenohren
konnte man sie unterscheiden.
Der eine hatte ein langes
und ein halbes Ohr auf seinem Kopf,
der andere zwei gleich lange.
»Na, hab' ich dir zuviel versprochen?«

sagte der mit dem halben Ohr.
»Bin ich der mit den gleich langen Ohren?«
fragte Felix.
»Wenn du mit deinen Ohren wackelst,
wirst du es genau wissen«,
sagte der Hase mit dem halben Ohr.
Und als er im Spiegel einen Hasen
mit beiden Ohren wackeln sah,
glaubte Felix endlich,
daß er jetzt der Hase Felix war.
Er drehte seine Ohren hierhin und dahin.
»Ich höre tatsächlich, wie Molly die Luft
durch ein verstopftes Nasenloch zieht«,
sagte er
und wunderte sich über sich selber.
»Das ist normal«,
sagte sein Hasenbruder.
»Du hörst jetzt mit Hasenohren.«

Ein leichter Luftzug wehte
vom offenen Fenster her herein.
Er brachte den Duft
von Blumen und frischem Gras mit.
Ein Duft, der in die Hasennasen stieg
und nach draußen lockte.
»Wollen wir?«
fragte der Hase mit dem halben Ohr.
»Und ob!«
antwortete der Hase Felix.

Mit zwei Riesensätzen
sprangen sie hintereinander
durch das offene Fenster
auf den taufeuchten Rasen.
Dort hockten sie eine Weile
auf ihren Hinterbacken,
schauten sich um und horchten.
In der Nähe schnaufte ein Igel.
Oben im Dachzwickel fiepte
ein Hausspatz leise im Schlaf,
und ganz in der Ferne bellte ein Hund.
»Keine Gefahr«,
sagte der Hase mit dem halben Ohr.
»Der Hund ist weit weg,
und selbst wenn er uns nahekommt,
können wir ihm im Nu davonlaufen.
Das wirst du noch erleben, Bruder.
Ich schlage vor, daß wir uns zuerst

auf den Feldern umschauen.
Dort können wir Klee naschen,
uns im Hasengalopp
und im Hakenschlagen üben.
Halte dich immer dicht hinter mir,
und was ich mache, machst du auch.«
Dann setzten sie über den Gartenzaun,
querten mit drei Sprüngen die Straße
und rannten durch den Nachbargarten.
Danach ging es mit angelegten Ohren
im Hasengalopp über eine Kuhweide.
Der Hase mit dem halben Ohr
sauste vorneweg
und der Hase Felix hinterher.
An schwarzweiß gefleckten Kühen
ging die wilde Jagd vorbei
und über breite Gräben hinweg.
Dabei kamen sie nicht mal

aus der Puste.
Plötzlich machte der Hase
mit dem halben Ohr halt.
»Wir sollten etwas jungen Klee
zu uns nehmen«, sagte er.
»Hier wächst er besonders saftig.«
»Klee???« wiederholte der Hase Felix,
schaute mißtrauisch auf das Grünzeug
und wackelte unentschlossen
mit den langen Ohren.
Nach einem vierblättrigen Glücksklee
hatte er schon oft gesucht.
Aber Kleeblätter zu essen,
war ihm noch nie eingefallen.
»Klee ist eine vorzügliche Hasenspeise
und sehr bekömmlich«,
belehrte ihn der Hase mit dem halben Ohr.
»Klee schmeckt fast so gut

wie junge Weizenkeimlinge.
Zuerst ißt du, und ich halte Wache.
Dann machen wir es umgekehrt.«
Der Hase mit dem halben Ohr
machte Männchen
und hielt die Ohren steif.
Kein Geräusch entging ihm.
Der Hase Felix rupfte Kleeblätter ab,
kaute und schmeckte.
Sie schmeckten nicht viel anders
als grüner Salat aus dem Garten,
schien ihm.
Vielleicht eine Spur bitterer.
Danach nahm der Hase mit dem halben Ohr
seine Mahlzeit ein,
und der Hase Felix machte Männchen
und hielt die Ohren steif.
Denn nur das feine Gehör

zusammen mit den schnellen Beinen
können einen Hasen
vor bösen Überraschungen bewahren.
»Ich bin satt. Wie geht es weiter?«
fragte der Hase Felix.
»Wir üben Hakenschlagen«,
sagte der Hase mit dem halben Ohr.
»Dabei ändert man in vollem Lauf
ganz plötzlich die Richtung,
so daß ein Verfolger ins Leere läuft.
Man stemmt die Hinterbeine fest ein,
wirft seinen Körper herum
und springt um die Ecke.

Das können nur wir Hasen.«
Dann machte er das Hakenschlagen vor,
und der Hase Felix
versuchte es ihm nachzutun.
Leicht war es nicht.
Aber so schwer,
daß man es nicht lernen konnte,
war es auch wieder nicht.
Jedenfalls war Hakenschlagen
spannender und aufregender
als Tick zu spielen
oder Federball.
Nachdem sie eine Weile geübt hatten,
sagte der Hase mit dem halben Ohr:
»Für den Anfang reicht es.
Es klappt schon recht ordentlich.
Nun sollten wir uns
ein Verdauungsschläfchen gönnen.

Ich kenne ein gutes Versteck.
Dort scharren wir uns eine Sasse
und trocknen unser Bauchfell
im warmen Sand.«
»Eine Sasse? Ist das eine Hasenhöhle?«
fragte der Hase Felix.
»Kaninchen wohnen in Höhlen
unter der Erde«,
antwortete der Hase mit dem halben Ohr.
»Wir Hasen ziehen es vor,
über der Erde zu leben.«
Aber aus einem Verdauungsschläfchen
wurde vorerst nichts.
In der Nähe bellte ein Hund.
»Hörst du ihn?«
fragte der Hase Felix aufgeregt.
»Selbstverständlich höre ich ihn.«
Den Hasen mit dem halben Ohr

schien das nicht aufzuregen.
Das Hundegebell kam näher.
Der Hase Felix zuckte nervös
mit den Hinterbeinen.
»Wollen wir uns nicht lieber
davonmachen?«
fragte er.
»Fällt uns gar nicht ein!«
antwortete der Hase mit dem halben Ohr.
»Das ist nur ein dummer Hund,
der ist ungefährlich.«
»Woher weißt du,
daß es ein dummer Hund ist?«
»Weil nur ein dummer Hund bellt,
wenn er einen Hasen sucht.
Die stillen Hunde sind gefährlich,
besonders, wenn sie zu zweit jagen.«
Das Hundegebell kam noch näher.

»Hör gut zu!«
flüsterte der Hase mit dem halben Ohr
dem Hasen Felix zu:
»Wenn ich los! rufe
machen wir beide uns davon.
Und wenn ich dann jetzt! rufe,
schlägst du einen Haken nach links
und ich einen nach rechts.
Wir führen den dummen Hund
solange an der Nase herum,
bis ihm die Luft ausgeht.«
»Alles verstanden!«
flüsterte der Hase Felix zurück.
Doch dann schien es,
als ob sich der Hund wieder entfernte.
Sein Gebell wurde leiser.
Aber nicht für lange.
Bald erklang es lauter als zuvor,

kam näher und näher.
»Höchste Zeit!«
flüsterte der Hase Felix aufgeregt.
»Noch nicht!« flüsterte
der Hase mit dem halben Ohr zurück.
Inzwischen war der Hund
ihnen bis fast auf Steinwurfweite
nahegekommen.
Deutlich hörten sie seinen lauten Atem.
Aber immer noch nicht
gab der Hase mit dem halben Ohr
das Startzeichen.

Der Hase Felix konnte die Zeit
nicht mehr abwarten
und wollte gerade wegrennen –
da rief der Hase mit dem halben Ohr:
»Los!«
Und eben zehn Hasenlängen
vor der Hundeschnauze
sausten die Hasenbrüder davon.
Nach zehn Sprüngen
rief der Hase mit dem halben Ohr:
»Jetzt!«

Er schlug einen Haken nach rechts,
der Hase Felix einen nach links...
und der Hund lief geradeaus!
Genau so hatte es sich
der Hase mit dem halben Ohr gedacht.
Der Hund konnte sich nicht entscheiden,
welchen Hasen er verfolgen sollte.
Darum versuchte er es mit allen beiden.
Mal rannte er dem Hasen Felix nach
und mal dem Hasen
mit dem halben Ohr.

Und das war das Dümmste,
was er tun konnte!
Denn beide Hasen schlugen immerzu
Haken,
rechts, links, links, rechts...
Davon wurde der Hund
so wirr im Kopf,
daß er anstelle von zwei Hasen zehn sah.
Und zehn hakenschlagende Hasen
sind sogar einem klugen Hund zuviel.
Der dumme Hund gab die Verfolgung auf
und trottete mit hängender Zunge
und hängenden Ohren nach Hause.
»Jetzt weißt du, Bruder,
wozu Hakenschlagen gut ist«,
sagte der Hase mit dem halben Ohr
zum Hasen Felix.
Weil sie sich ausgetobt hatten,

hoppelten sie ohne Eile
auf einen Sandhügel zu.
Auf seiner Kuppe wuchsen die Heckenrosen
wie strubbeliges Haar.
»Zwischen dem Rosengestrüpp
gibt es eine sandige Stelle«,
sagte der Hase mit dem halben Ohr.
»Da können wir unbesorgt ein Schläfchen
halten.
Und wenn mich nicht alles täuscht,
haben wir einen guten Wächter.«
»Und wer ist das?«
fragte der Hase Felix.
»Der kleine Zaunkönig«,
antwortete der Hase mit dem halben Ohr.
»Sollte sich der Fuchs anschleichen
oder der Jäger nähern,
stimmt er ein lautes Warngeschrei an.

Und dann heißt es aufpassen.«
Sie zwängten sich durch dichtwuchernde Zweige,
bis sie die sandige Stelle fanden.
Dort zeigte der Hase
mit dem halben Ohr dem Hasen Felix,
wie man mit den Beinen
eine Mulde in den Sand scharrt:
die Hasensasse.
»Das ist keine große Kunst«,
meinte der Hase Felix.
»Du denkst leichtfertig, Bruder«,
sagte der Hase mit dem halben Ohr.
»Es gehört noch mehr dazu.
Man muß den richtigen Platz kennen,
einen aufmerksamen Wächter finden
und trockenen, warmen Sand.
Das Scharren ist das Wenigste.«

Sie machten es sich
in der Sasse gemütlich,
kuschelten sich aneinander
und duckten sich tief hinein.
Nur vier Hasenohren schauten heraus:
drei lange und ein halbes.
Nach einer Weile sagte der Hase Felix:
»Im Winter möchte ich mal Hase sein.
Dann kann man behaglich
in der Sasse liegen und zuschauen,
wie die Schneeflocken rieseln.«

»Das wünsch' dir lieber nicht«,
sagte der Hase mit dem halben Ohr.
»Das Geriesel der Schneeflocken
mag ja ganz hübsch sein.
Aber der Hase hat anderes im Kopf.
Sein Magen knurrt.
Und alles, was gut schmeckt,
hat der Schnee zugedeckt.
Er muß sich nur von Astrinde
und gefrorenem Kohl ernähren.
Außerdem zeichnet er seine Fußspuren
in den Schnee hinein.
Der Jäger sieht sie,
geht ihnen nach
und findet den armen Hasen.
Nein, der Winter ist nicht die beste Zeit,
meine ich.«
Nach dieser langen Rede

fiel der Hase mit dem halben Ohr
in einen leichten Schlummer.
Auch der Hase Felix
träumte vor sich hin.
Und über ihnen,
auf dem höchsten Zweig der Heckenrose,
saß der kleine Zaunkönig
und bewachte ihren Schlaf.

Der Hase Felix wurde zuerst wach
und hatte wieder Lust auf Abenteuer.
Er stupste seinen Hasenbruder
mit der Pfote an und fragte:
»Was machen wir jetzt?«
Der Hase mit dem halben Ohr
machte ein Auge auf und sagte:
»Mal seh'n...«
Und nachdem er eine Weile
überlegt hatte, fragte er:
»Möchtest du die Hasenschule sehen?«
»Die Hasenschule?«
wunderte sich der Hase Felix.
»Gibt es die wirklich?«
»Sicher gibt es die Hasenschule«,
sagte der Hase mit dem halben Ohr.
»Wo, glaubst du denn,
lernen sonst die jungen Häschen

das Stillehalten,
das Hakenschlagen
und das Verstecken.«
Dem Hasen Felix konnte
es nicht schnell genug gehen.
So neugierig war er auf die Hasenschule.
Sie schüttelten sich
die Sandkörner aus dem Bauchfell
und machten sich auf den Weg.
»Ist es sehr weit?«
fragte der Hase Felix unterwegs.
»Für eine Maus mag es ein langer Weg sein.
Aber nicht für uns Hasen«,
antwortete der Hase mit dem halben Ohr.
Weil sie sich gut ausgeruht hatten
und bei Kräften waren,
ging es wieder
im sausenden Hasengalopp

über Wiesen und Felder und Gräben
bis an den Waldrand.
Hier machten sie halt
und horchten zuerst vorsichtig
in das geheimnisvolle Dunkel hinein.
Sie hörten das leise Rascheln
und Zischeln der Blätter,
vernahmen, wie ein trockener Ast knackte.
Plötzlich heulte und schluchzte
jemand laut und schaurig.
Dem Hasen Felix fuhr der Schreck
in alle Beine.
Er wäre am liebsten ausgerissen.
Aber der Hase mit dem halben Ohr sagte:
»Kein Grund zur Aufregung.
Das ist nur die kleine Eule.
Sie macht ein fürchterliches Geheul,
doch uns tut sie nichts.«

Bevor sie
in den Wald
hoppelten,
sagte er noch:
»Wir sollten uns lieber
dicht an die Baumstämme halten,
denn oben in einer Krone
könnte die große Eule lauern.
Und die ist gefährlich!
Von Zeit zu Zeit wollen wir
eine Horchpause einlegen.
Der Fuchs,
ein besonders leiser Schleicher,
lauert an heimlichen Ecken.
Auch dem Jäger mit seinem Hund
könnten wir begegnen.

Und auf den Hund müssen wir achtgeben.
Ein Jagdhund versteht die Kunst,
sich leise zu bewegen.
Den Jäger dagegen
hört man oft schon von weitem.
Wenn er nicht aufpaßt,
wohin er tritt,
knacken die trockenen Äste.«
Der Hase Felix hatte aufmerksam zugehört.
Der nächtliche Wald mit seinen Geräuschen
kam ihm nicht geheuer vor.
Sein Herz klopfte wild.
Darum hielt er sich ganz dicht
hinter seinem Hasenbruder.
Bei der dritten Horchpause
hockten sie nebeneinander
unter einem Dach von Tannenzweigen.
»Still!«

flüsterte der Hase mit dem halben Ohr.
Trockene Äste knackten!
Und noch ein Geräusch war zu hören:
Als ob jemand mit einem Stock
über die Zweige streifte.
»Kommt der Jäger?«
fragte der Hase Felix ängstlich.
»Glücklicherweise nicht«,

flüsterte der Hase
mit dem halben Ohr zurück.
»Da zieht ein Hirsch durch den Wald.
Er ist groß und stark,
und wer groß und stark ist,
braucht nicht leise zu sein.«
»Was bedeutet dieses seltsame Geräusch?«
wollte der Hase Felix wissen.
»Das machen die Zweige,
die der Hirsch mit seinem Geweih streift«,
antwortete der Hase mit dem halben Ohr.
Danach passierte nichts Aufregendes mehr.
Nach der vierten Horchpause
taten sie noch
ein gutes Dutzend Hasensprünge.
Dann versperrte ihnen eine Mauer
von Jungtannen den Weg.
»Ducken und unten durchkriechen«,

sagte der Hase mit dem halben Ohr.
Sie zwängten sich eine Weile
unter tiefhängenden Tannenzweigen
hindurch,
bis sie eine Lichtung erreichten.
»Wir sind da«,
sagte der Hase mit dem halben Ohr.
»Eine Hasenschule
muß gut versteckt sein.«
Das Tannendickicht ringsum
verbarg den heimlichen Ort.
Überall gab es Verstecke.
Baumstubben, morsches Holz,
Büsche und hohes Gras.
In der Mitte der Lichtung
stand eine alte Eiche
mit einem dicken, knorrigen Stamm.
Und davor saß ein großer Hase

und schaute sie argwöhnisch an.
»Ist das der Hasenlehrer?«
fragte der Hase Felix.
»Nein, die Lehrerin«,
antwortete der Hase mit dem halben Ohr.
Der Hase Felix schaute sich um.
»Und wo sind die Hasenschüler?«
fragte er.
»Die wirst du bald sehen«,
sagte der Hase mit dem halben Ohr
und hoppelte auf die Hasenlehrerin zu.
»Das ist mein Freund und Bruder,
der Hase Felix«, stellte er vor.
»Er ist ein besonderer Hase,
kommt von weit her,
und möchte sich darum gern
unsere Hasenschule ansehen.«
»Ich habe nichts dagegen«,

sagte die Hasenlehrerin und rief:
»Ihr könnt euch zeigen, Kinder!«
Und nun tauchten, wie hergezaubert,
von allen Seiten
kleine Hasenschüler auf.
Sie hockten sich im Halbkreis
vor ihre Lehrerin, machten Männchen
und hielten die Ohren steif.
»Jetzt zeigen wir unserem Besuch,
was wir gelernt haben«,
sagte die Hasenlehrerin.
Sie schlug mit den Hinterbeinen
einen Trommelwirbel
auf den Waldboden und rief:
»Eins, zwei, drei!
Die große Eule kommt!«
Im Nu spritzten die Hasenschüler
nach allen Seiten auseinander

und verschwanden irgendwohin,
wie von der Erde verschluckt.
Dem Hasen Felix gelang es nicht,
ein einziges Hasenohr zu entdecken.
Die Hasenlehrerin schaute sich um
und sagte:
»Jetzt wollen wir mal sehen,
wen die große Eule zuerst erwischt.«
Sie hoppelte auf die alte Eiche zu.
Unter einer dicken Wurzel
leuchtete eine weiße Quaste hervor.

»He, du!« sagte sie.
»Steck schnell deinen Stummelschwanz weg!
Was ich sehe, sieht die Eule auch.«
Zwischen zwei Grasbüscheln
wackelten zwei Hasenohren.
»Und du da!« rief die Hasenlehrerin.
»Du mußt die Ohren stillhalten!
Was sich bewegt,
erspäht die Eule zuerst.«
Ein Hasenschüler drückte sich
hinter einen morschen Baumstrunk,
ein anderer unter einen Reisighaufen.
Und ein dritter streckte seine Nase
aus einem Kaninchenloch heraus.
Nur einer war nicht zu entdecken!
Das Eichhörnchen, das in der Eiche schlief,
war von dem Rufen und Getrappel
wach geworden.

»Ich seh ihn!« rief es
von einem Eichenast herunter.
»Du halt deinen Mund!«
rief die Hasenlehrerin nach oben.
»Wer so rot leuchtet wie du,
den fängt der Marder.«
»Pah!« rief das Eichhörnchen zurück.

»Wenn der Marder kommt, mach ich das!«
Es streckte den buschigen Schwanz aus
und segelte damit vom Ast auf die Erde.
Und als es unten war, sagte es:
»Das könnt ihr Hasen nicht.«
»Verschwinde! Du störst den Unterricht«,
sagte die Hasenlehrerin.
Und dann schaute sie sich
gründlich um.
Sie kontrollierte jeden Baumstumpf,
jedes Grasbüschel,
jedes Loch, jeden Stein.
Und dann hatte sie ihn!
Neben einem großen, samtbraunen Stein
lag ein kleiner Stein im Gras
und rührte sich nicht.
Dieser kleine Stein war der pfiffigste
Schüler der Hasenschule.

Er drückte die Nase fest an den Boden,
preßte die Ohren flach auf den Rücken,
hielt die weiße Schwanzquaste verborgen
und bewegte nicht ein Haar.
Er war zu einem Stein geworden.
Zu einem kleinen, samtbraunen Stein.
»Gut gemacht!« lobte die Hasenlehrerin.
Zu den anderen Schülern sagte sie:
»Still wie ein Stein müßt ihr sein.
Merkt euch das! Schaut es euch an!

Wer sich bewegt, wird erwischt.«
Die Hasenschüler machten Männchen
im Halbkreis.
»Und nun«, sagte die Hasenlehrerin,
»wiederholen wir.
Vor wem müssen wir Hasen
uns besonders in acht nehmen?«
»Vor dem Jäger und seinem Hund«,
riefen die Hasenschüler im Chor.
»Und wer ist ebenso gefährlich?«
»Der Fuchs, der Habicht und die große
Eule«,
riefen die Hasenschüler.
»Und wer noch?«
»Waschbären, Krähen, Hermeline,
Katzen und Marder«,
zählten die Hasenschüler auf.
»Und wer tut uns nichts?«

»Kühe, Pferde, Schafe, Rehe und Hirsche.
Sie fressen Pflanzen und keine Hasen«,
antworteten die Hasenschüler.
»Auf wen müssen wir tagsüber hören?«
»Auf den Eichelhäher,
er schimpft am lautesten,
wenn sich der Fuchs anschleicht«,
riefen die Hasenschüler.

»Und noch eine letzte Frage«,
sagte die Hasenlehrerin.
»Worauf müssen wir Hasen uns verlassen?«
»Auf unsere Klugheit,
die schnellen Beine und die feinen Ohren«,
war die Antwort.
»Das genügt«, sagte die Hasenlehrerin.
»Jetzt machen wir Pause.«
Der Hase Felix
und der Hase mit dem halben Ohr
bedankten sich.
Sie hatten viel gehört und gesehen.
»Man tut, was man kann,
um dem kleinen Hoppelvolk
das Notwendige beizubringen«,
sagte die Hasenlehrerin
und hoppelte davon,
um würzige Waldkräuter zu naschen.

Der Hase Felix
und der Hase mit dem halben Ohr
machten sich auf den Rückweg.
Der Mond streute sein Licht
durch die Baumkronen
auf die Erde.
Der Hase Felix
war nicht mehr so ängstlich
und so leicht zu erschrecken
wie auf dem Hinweg.
Er hatte sich an den Wald gewöhnt.
Der Hase mit dem halben Ohr
bestand auf den Horchpausen.
Und das war ihr Glück!
Bei der letzten Horchpause,
vor dem Waldrand,
hockten sie neben einem Baumstumpf,
machten Männchen

und spielten mit den Ohren.
Etwas entfernt gluckste
eine Ringeltaube im Geäst.
Gerade wollten sie weiterhoppeln,
da...
»Halt!« zischte
der Hase mit dem halben Ohr.
»Hat sich da nicht eben
etwas gerührt?«
Wer schlich so leise durch den Wald,
daß man ihn kaum hörte?
Nichts knackte und nichts rauschte.
Ab und zu nur raschelte
ein trockenes Blatt.
»Der Fuchs!« flüsterte der Hase
mit dem halben Ohr.
»Lauf, was du kannst, Bruder!«
Und dann rannten der Hase Felix

und der Hase mit dem halben Ohr
um ihr Leben.
Sie kurvten in vollem Lauf
um die Baumstämme herum,
erreichten bald den Waldrand
und stürmten auf das freie Feld.
Die Nasen vorneweg,
die Ohren zurück,
die Beine gestreckt,
so flogen sie über Äcker und Wiesen.
Kaum daß die Pfoten den Boden berührten.
Mal war der Hase Felix
um eine volle Ohrenlänge voraus,
mal der Hase mit dem halben Ohr.
Sie wagten sich nicht umzudrehen.
Darum merkten sie nicht,
daß ihnen der Fuchs nicht
mehr auf den Fersen war.

Schon am Waldrand hatte er
die Hasenjagd aufgegeben,
denn er wußte, ein Wettrennen
mit zwei schnellfüßigen Hasen
gewann er nie.
»Ich kann nicht mehr!«
keuchte der Hase Felix,
als sie zwei Felder und zwei Wiesen
hinter sich gelassen hatten.
»Ich auch nicht«,
stöhnte der Hase mit dem halben Ohr.
Sie bremsten den rasenden Lauf
und machten Männchen.
Vom Fuchs war nichts mehr zu hören,
zu sehen und zu riechen.
»Das war aber knapp!«
sagte der Hase Felix.
»Für heute haben wir genug erlebt,

der neue Tag kommt schon«,
sagte der Hase mit dem halben Ohr.
»Machen wir, daß wir
nach Hause kommen.«
Als sie an einer Insel
von wildwuchernden Dornenbüschen
vorbeikamen, bat der Hase Felix:
»Laß uns noch eine kurze
Verschnaufpause einlegen.
Mir zittern die Beine
von der vielen Rennerei.«
Sie zwängten sich durch die Dornen,
scharrten sich rasch eine Sasse
und machten sich darin lang.
Dann fielen sie vor Erschöpfung
in einen tiefen Schlaf.
Und das darf ein Hase nicht!
Bald wurden sie jäh

aus ihrem Schlaf geweckt.
Vor ihrem Dornenversteck
knurrte ein Hund!
Und eine Stimme sagte:
»Steckt etwa ein Hase im Busch?
Such, mein Hund! Such!«
»Der Jäger und sein Jagdhund«, flüsterte
der Hase mit dem halben Ohr entsetzt.
»Jetzt erwischen sie uns.
Was machen wir bloß?«
Der Hase mit dem halben Ohr war ratlos.
Zum ersten Mal.

Aber der Hase Felix wußte einen Ausweg.
»Wir müssen uns blitzschnell
in Mensch und Plüschhase
zurückverwandeln«,
sagte er. »Aber wie funktioniert das?«
»Genau wie beim ersten Mal.
Du mußt nur an dich selber denken.
An nichts anderes«,
flüsterte ihm der Hase
mit dem halben Ohr schnell zu.
Der Hase Felix packte das halbe Ohr,
kniff beide Augen fest zusammen
und dachte an sich selber.
An nichts anderes!
Und dann war aus dem Hasen Felix
wieder Felix geworden,
und aus seinem Hasenbruder
ein Plüschhase mit einem halben Ohr.

Es wurde allerhöchste Zeit!
Der Hund versuchte schon,
sich durch die Dornen zu zwängen.
»Hallo, Sie!« rief Felix
aus den Büschen heraus.
»Rufen Sie Ihren Hund zurück!
Ich bin kein Hase, ich bin ein Mensch.«
Dem Jäger fiel vor Überraschung
fast das Gewehr aus der Hand.
Felix kroch aus den Dornen heraus,
seinen Plüschhasen unter dem Arm.
»Teufel!« rief der Jäger.
»Das hätte beinahe ein Unglück gegeben!
Junge, was tust du hier
zwischen Nacht und Morgen?«
Felix zeigte auf den Hasen
mit dem halben Ohr und sagte:
»Wir spielen Hasen, was sonst.«

Der Jäger rief seinen Hund bei Fuß
und fragte: »Junge, wo wohnst du?«
»Gleich dort im ersten Haus«,
antwortete Felix
und zeigte in die Richtung.
»Jetzt aber nach Hause! Ganz schnell!«
sagte der Jäger,
schüttelte den Kopf und murmelte:
»Hat man sowas schon erlebt...«
Als Felix' Mutter am nächsten Morgen
sehr spät in das Zimmer kam,
schlief Felix noch ganz fest.
Neben ihm auf dem Kopfkissen
schlief der Hase mit dem halben Ohr.
Auch ganz fest.
»Aufwachen, Felix!« rief sie.
»Sonst verschläfst du
deinen Geburtstag!«

dtv junior Lesebär
Die Reihe für Leseanfänger

dtv junior 7562 Ab 6

dtv junior 75016 Ab 6

dtv junior 75012 Ab 6

dtv junior 75014 Ab 6